Inhalt

 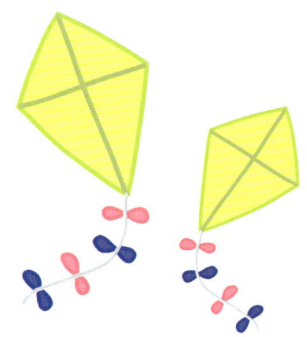

Ein Jahr mit Peppa

Vorlesebuch mit Jahreszeiten-Poster

Frühling

Wenn es Frühling wird, erwacht die Natur zum Leben.

Die Bäume bekommen neue grüne Blätter, die **Blumen** beginnen zu blühen und viele kleine Insekten summen und brummen durch die Luft.

„Schau mal, ein Schmetterling!", ruft Peppa ihrem kleinen Bruder Schorsch zu.

Aber **im Frühling** gibt es auch **viel zu tun!**

Im **Garten** von Oma und Opa **Wutz** wird gesät und junges **Gemüse** gepflanzt.

Opa **Wutz** zeigt Peppa und Schorsch, wie das geht. Am liebsten würde Peppa den kleinen **Samen** beim **Wachsen** zusehen!

7

Wenn es wärmer wird und die Frühlingssonne scheint,
ist die beste Zeit, um draußen zu spielen.
Auf dem Spielplatz
gibt es viel zu erleben.

Schorsch sitzt am liebsten mit Linus Löffel auf **der Wippe.**

Peppa und Luzie Locke springen mit ihren **Springseilen** so schnell sie können.

Die Rutsche ist bei allen Freunden sehr beliebt.

„Wer schubst mich an?", ruft Peppa auf der Schaukel.

9

Peppa freut sich **jedes Jahr** sehr auf das **Osterfest.**

Zusammen mit Schorsch bemalt sie
Eier in bunten Farben.
Die Eier haben die Hühner von Oma Wutz
gelegt. Das Ei mit den hellblauen Streifen
ist für Mama Wutz, denn Blau ist
ihre Lieblingsfarbe.

Familie Löffel hat Freunde zu einem großen **Oster-Frühstück** eingeladen.

Auf der Wiese und zwischen den Bäumen neben ihrem Haus sind viele Eier versteckt. „Auf geht's!", ruft Papa Löffel. Die Kinder stürmen los. Kurze Zeit später hat **jedes Kind ein buntes Ei gefunden.**

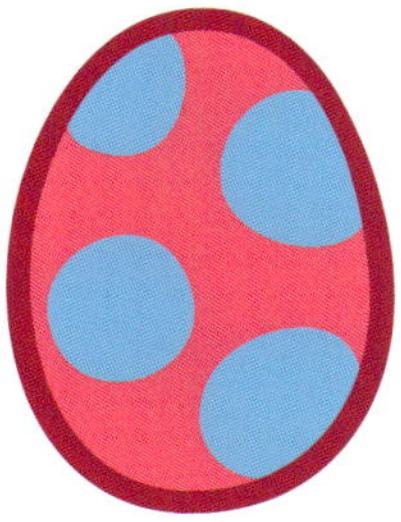

„Das hat Spaß gemacht", seufzt Peppa.

Sommer

Im Sommer fahren Peppa und ihre Freunde
so oft es geht mit den Fahrrädern umher.
Peppa liebt es, wenn ihr der
Fahrtwind um die Nase weht.

„Wie wäre es mit einem Wettrennen?", fragt Luisa Löffel.
„Au ja!", ruft Peppa. „Auf die Plätze, fertig, los!"

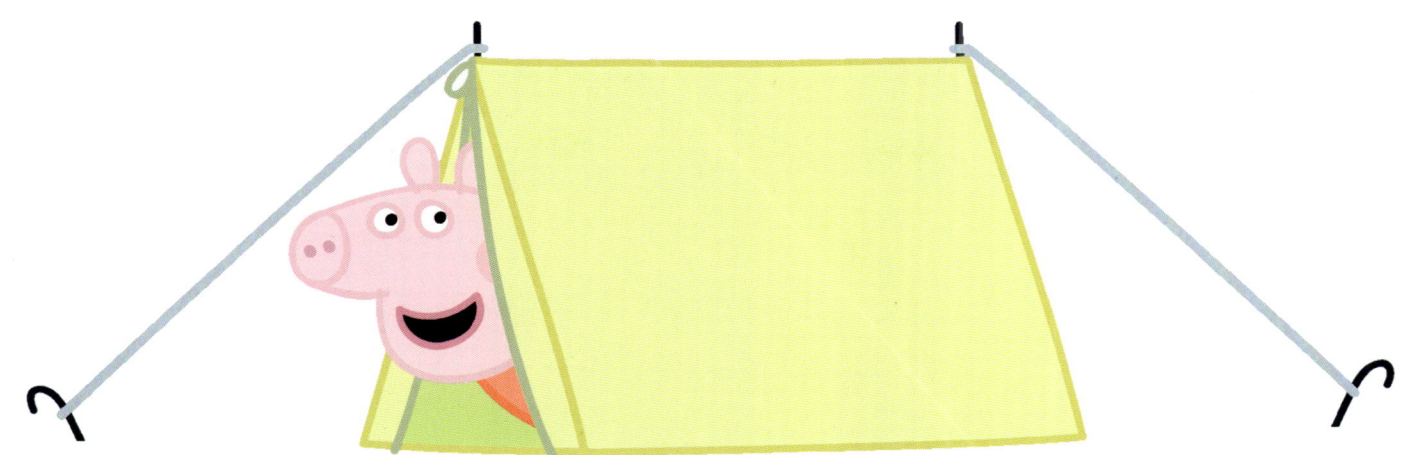

In warmen Sommernächten
dürfen Peppa und Schorsch
manchmal im Garten übernachten.

Papa Wutz baut ein großes
gelbes Zelt für sie auf.
Peppa nimmt ihren roten
Schlafsack, ihr liebstes
Kuscheltier Teddy
und ein Bilderbuch mit.
Schon ist das Zelt ein
richtiges kleines
Zuhause.

Das Schönste am Sommer
sind die Sommerferien.

Peppa packt ihre Spielsachen
in einen **großen Koffer**
und die Reise kann beginnen.

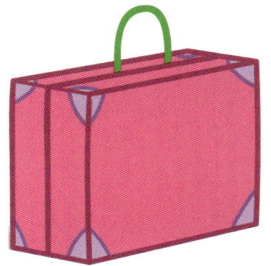

Die Fahrt mit dem **Auto** dauert ganz
schön lange. Aber Peppa, Schorsch,
Mama und Papa **Wutz** singen
zusammen alle Lieder, die
sie kennen. So vergeht
die Zeit wie im Flug!

Auch Mama und Papa Wutz sind gern draußen **in der Natur** unterwegs. Was gibt es schöneres, als ein leckeres **Picknick** nach einer langen Wanderung? Mama Wutz hat einen großen Korb voller Leckereien dabei. Es gibt dick belegte Butterbrote, Käse, Salat und zum Nachtisch für jeden ein Stück Wassermelone.

Unter freiem Himmel schmeckt das alles besonders gut!

Der Urlaubsort von Familie Wutz liegt direkt am Meer.
Am Strand ist es herrlich. Die Sonne scheint
und das Wasser glitzert in
der Sonne. Peppa und
Schorsch wollen eine
große **Sandburg**
bauen.

Aber **erst geht es** hinein in die **kühlen Wellen.**
Der **Bauch von Papa Wutz** ist besser als jede **Luftmatratze!**

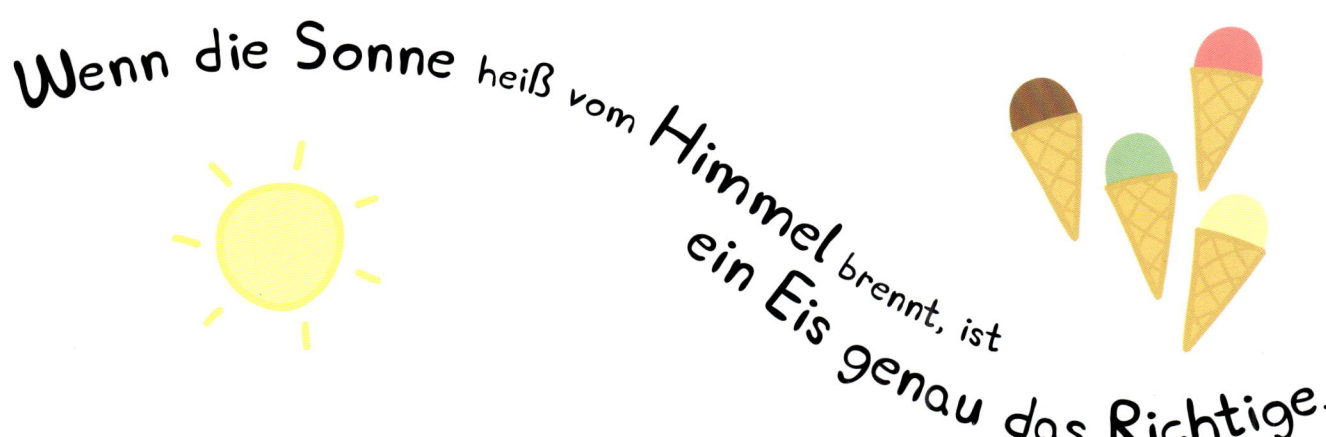

Wenn die Sonne heiß vom Himmel brennt, ist ein Eis genau das Richtige.

Das muss man ganz schnell essen, damit es in der Hitze nicht schmilzt! Peppa liebt die Sorten Schokolade und Erdbeere. Mama Wutz findet Zitronensorbet am besten.

Schorsch entscheidet sich für eine große Kugel Vanilleeis.

Herbst

Wenn der Herbst kommt, ist das Wetter manchmal gar nicht schön. Dann ist der Himmel grau und dicke Regentropfen fallen vom Himmel. Peppa und Schorsch würden gern im Garten spielen. Aber dafür ist es einfach zu nass und zu kalt.

Gut, dass es auch im Haus so
viele spannende Dinge
zu tun gibt, zum Beispiel ...

... lesen

... puzzeln

... oder malen.

Wenn der Regen vorbei ist, wird es richtig lustig!
Auf den Wiesen und in den Gärten haben sich
riesige Matschepfützen gebildet – und

Peppa liebt es, durch riesige Matschepfützen zu hüpfen!

Aber nicht nur sie! Auf einmal sind alle Freunde da und gemeinsam springen sie um die Wette. Das macht Spaß!

„Der Herbst ist schön, denn dann gibt es die allerbesten Matschepfützen", findet Peppa.

Pitsch!

Platsch!

Pitsch!

Platsch!

Im Herbst ist es oft windig.
Dann ist das perfekte Wetter
zum **Drachensteigen**.
Peppa hat im Kindergarten
einen prächtigen gelben Drachen
gebastelt. Die bunten Schleifen
an seinem Schwanz tanzen
lustig im Wind.

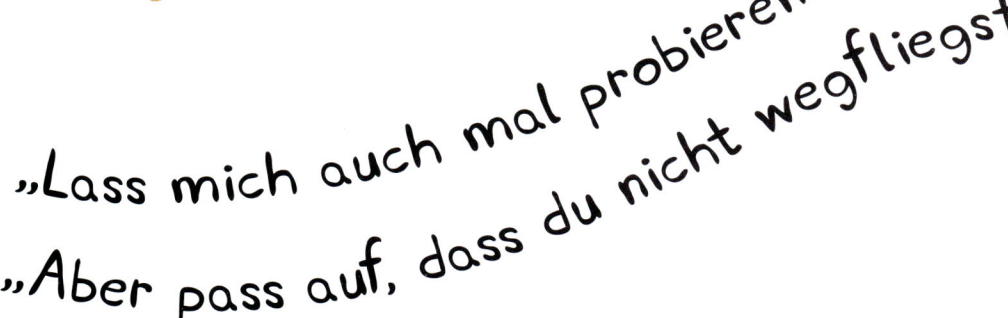

„Lass mich auch mal probieren!", ruft Peppa.

„Aber pass auf, dass du nicht wegfliegst", lacht Papa Wutz.

Im Kindergarten gibt es jedes Jahr eine große **Halloween-Party**. Peppa verkleidet sich in diesem Jahr als **Hexe**. Wer versteckt sich wohl unter dem grünen **Drachen-Kostüm**?

Nach der Party ziehen Peppa und ihre Freunde durch die Straßen und sammeln **Süßigkeiten** bei den Nachbarn. Die **Kürbis-Laterne** von Klausi Kläff leuchtet ihnen den Weg.

Winter

Wenn der Winter kommt, wartet Peppa
sehnsüchtig auf den **ersten Schnee.**
Die Welt sieht ganz verzaubert aus.
Und man kann viele tolle Sachen machen. Peppa,
Schorsch, Mama und Papa Wutz bauen gemeinsam
einen Schneemann. Papa Wutz zieht ihm eine
Mütze, einen Schal und Handschuhe an.

„Jetzt sieht er fast so aus wie du!", freut sich Peppa.

Der Schnee ist perfekt für eine **Schneeballschlacht.**

In hohem Bogen werfen Peppa und Schorsch die Schneebälle durch die Luft.

Am Wochenende fährt Familie Wutz oft **zum Skifahren.**

Peppa rast auf ihren Skiern den **Berg** hinab. Sie wird jedes Jahr besser!

Auf der Schlittschuhbahn ist was los!

Alle Freunde sind da und tummeln
sich auf dem Eis: Zoë Zebra, Emily
Elefant und viele mehr.

 Peppa ist sehr aufgeregt. Sie hat
neue Schlittschuhe
bekommen und kann es kaum
erwarten, sie auszuprobieren.

Aber Schorsch hat ein bisschen Angst hinzufallen.

Gut, dass er eine große Schwester hat!
Peppa nimmt ihn an die Hand und
führt ihn sicher über die
spiegelglatte Eisfläche.

Was wäre der Winter ohne Weihnachten!

Im Kindergarten basteln Peppa und Schorsch mit
Madame Gazelle **bunten Weihnachtsschmuck**
und singen dabei Lieder.

Aber **Plätzchen backen**
macht mindestens genauso viel
Spaß. Und die **Zimtsterne**
schmecken köstlich!

Der **Weihnachtsbaum** ist in diesem Jahr **besonders groß**.

Er geht fast bis zur Zimmerdecke.
Papa **Wutz** muss auf eine Leiter steigen, um den
Stern auf der Tannenspitze zu befestigen.

Peppa und Schorsch freuen sich über ihre
Weihnachtsgeschenke.
„Weihnachten ist meine liebste Zeit",
denkt Peppa. „Aber eigentlich
ist es bei uns das ganze
Jahr über schön!"

29